Sommaire

À Baptiste et Gabriel

Dès que tu vois ce signe, soulève le volet.

ISBN 9782070628582

Loi n° 49-956 du 16 juillet 1949
sur les publications destinées à la jeunesse
Dépôt légal : février 2010
N° d'édition : 170238
Photogravure : IGS
Imprimé en Chine

LE JOURNAL D'UN ENFANT

aujourd'hui au Japon

raconté par Geneviève Clastres
illustré par Ilya Green
et Florent Silloray

Keiko à Tokyo

GALLIMARD JEUNESSE

Le Japon

des clés pour comprendre

Le Japon s'étire dans une succession d'îles dont les quatre principales sont Hokkaido, Honshu, Shikoku et Kyushu. Fermé au monde pendant plus de deux cent cinquante ans, il offre un mélange contrasté où les plus hautes technologies côtoient des traditions millénaires.

Carte d'identité

Population : 127,9 millions d'habitants
Superficie : 378 000 km²
Régime politique : Démocratie parlementaire. D'après la constitution, l'empereur est « le symbole de l'État et de l'unité du peuple »
Premier Ministre : Yukio Hatoyama depuis septembre 2009
Capitale : Tokyo
Religion : Shintoïsme, bouddhisme, christianisme
Langue : japonais
Monnaie : yen
Drapeau : Appelé *Hinomaru*, le disque du jour, il est constitué d'un disque rouge (représentant le soleil), sur fond blanc

Une nature à deux faces

La nature possède une face sombre, celle des typhons, tremblements de terre et volcans qui menacent régulièrement le pays. Elle jouit aussi d'une face bénéfique et utile à l'homme : les volcans offrent des sols fertiles et produisent les sources d'eau chaude qui irriguent les bains japonais. Enfin, les fortes pluies permettent d'inonder les rizières. Quant aux côtes menacées par les tsunamis, elles sont également très poissonneuses.

La population

Les Japonais forment un peuple homogène comptant une seule ethnie différenciée, les Aïnous, peuple indigène de l'île d'Hokkaido. En revanche, on note de nombreux migrants qui sont arrivés peu à peu au cours des siècles. Parmi eux, les plus nombreux sont les Coréens et les Chinois.
Vivant dans des villes surpeuplées, les Japonais se concentrent sur les côtes, qui ne représentent pourtant que 16% du territoire alors que les montagnes en occupent 70%.
La population vieillit et se réduit : la natalité est en chute et un Japonais sur cinq a plus de 65 ans !

L'empereur, l'âme de la nation

Si l'empereur n'a plus aujourd'hui aucun rôle politique, il représente encore pour l'ensemble des Japonais l'âme et le symbole de la nation. Retranché dans son palais impérial, un immense domaine au cœur de la ville de Tokyo, il nomme formellement le premier ministre et reçoit les ambassadeurs.

De crise en crise

Le Japon a connu une période de forte croissance liée à la reconstruction d'après-guerre. Touché ensuite vivement par la crise financière de 1991, il a repris sa progression avant d'être à nouveau durement perturbé par la nouvelle crise financière de 2008. L'archipel possède néanmoins de nombreux atouts.
Les échanges avec l'Asie de l'Est sont nombreux ; des secteurs comme la robotique, le multimédia ou la haute technologie restent des fleurons nationaux. Enfin, le pays peut s'enorgueillir de l'influence de la culture manga, exportée dans le monde entier.

Repères chronologiques

660 av. J.-C.
L'empereur mythique Jinmu, descendant de la déesse solaire Amaterasu, fonde le Japon.

794
Fondation d'Heian-Kyo, la Kyoto actuelle, siège de la cour impériale. Pendant plus de mille ans, la ville incarne le cœur du Japon.

1603-1867
Epoque Edo. Le Japon se ferme au monde extérieur pendant plus de 250 ans.

1868
Début de l'ère Meiji. Le pouvoir impérial est restauré.

1923
Grand tremblement de terre de Tokyo : plus de 100 000 morts.

1945
Bombes atomiques américaines larguées le 6 août sur Hiroshima puis le 9 août sur Nagasaki. Le Japon accepte la défaite.

1946
Nouvelle constitution. L'article 9 interdit au Japon de posséder une armée.

1989
Décès de l'empereur Hirohito. Son fils, Akihito, monte sur le trône.

2009
Yukio Hatoyama remplace Taro Aso à la tête du pays.

Je m'appelle Keiko

Dimanche 4 avril

Je m'appelle Keiko et j'ai bientôt douze ans. Je vis à Tokyo, dans le quartier Asakusa, au quinzième étage d'un immeuble moderne. Notre appartement n'est pas grand, mais j'ai la chance d'avoir une petite chambre pour moi toute seule. J'aime bien me mettre à la fenêtre. Du haut de ma tour, je peux observer la vie grouillante de la Nakamise-dori, la rue piétonne située entre la « Porte du Tonnerre » et le temple Senso-ji. C'est le plus ancien temple bouddhiste de la ville et, chaque année, nous organisons un grand défilé réputé dans tout Tokyo. Mon frère, Takao, a trois ans de plus que moi. Malheureusement, depuis son entrée au lycée, il s'est complètement coupé du monde et je le comprends de moins en moins. Un véritable *otaku** ! Lui aussi a sa chambre. De son côté, on voit la rivière Sumida et au loin, entre les immeubles, la tour Sony où travaille notre père.

Ma mère est employée à la bibliothèque municipale, juste au coin de la rue. C'est une chance, car elle n'est pas obligée de faire de longs trajets en métro. En tout cas, je suis contente qu'elle ait un emploi. Il y a tellement de mamans qui restent à la maison et s'ennuient.

Demain, ce sera ma dernière rentrée de primaire. Il faut que j'en profite car à partir du collège, il y a de plus en plus de travail. Et moi, j'aurai de moins en moins de temps pour écrire ! J'aimerais bien devenir écrivain. Pour m'entraîner, j'essaie de noter tout ce qui m'arrive dans des petits carnets. Haruka, ma meilleure amie, préfère les blogs, mais moi je ne veux pas que tout le monde lise mes petits secrets. Il y a beaucoup de façons d'écrire Keiko, mes parents ont choisi le caractère du gainier, un arbre tourmenté qui fleurit au mois d'avril. Je pense que cela convient bien pour un futur écrivain.

Otaku : un fou de mangas, de dessins animés et de l'univers virtuel.
Nota bene : au Japon, la rentrée scolaire a lieu au mois d'avril.

La rentrée des classes

Lundi 5 avril

Aujourd'hui, notre directeur a fait un discours devant l'ensemble des élèves et des enseignants rassemblés dans la cour. Je n'ai pas vraiment écouté car c'est toujours un peu la même chose. Et puis, j'étais tout excitée de découvrir notre nouveau professeur. Il s'appelle Okada *sensei** et vient du privé, un établissement très réputé de Ginza. Quand il a annoncé l'élection des délégués pour la semaine du 20, Haruka m'a fait un clin d'œil. Je crois bien qu'elle va se présenter. Elle adore organiser des activités pour les autres. Pourtant, quand j'ai appris que Kenta se présentait également, j'ai eu un pincement au cœur. Je l'aime bien, Kenta, mais je crois qu'Haruka aussi. Et je suis sûre qu'elle se présente aussi un peu pour lui. J'ai voulu la taquiner mais elle est devenue toute rouge...

Mardi 6 avril

Cette année, notre classe compte 38 élèves, 20 filles et 18 garçons. Après six ans de primaire, on se connaît presque tous sauf quelques nouveaux venus du privé. Je n'ai pas pu m'empêcher de souffler à l'un d'eux : « Ça doit te faire tout drôle de ne plus porter d'uniforme. » Il m'a répondu du tac au tac que, dès l'an prochain, au collège, on y aurait tous droit... En fin de journée, j'ai glissé un petit mot gentil dans le casier à chaussures d'Haruka. Elle fait un peu la tête depuis que je me suis moquée d'elle.

Jeudi 8 avril

Haruka n'est plus fâchée. Pendant la pause de midi, on était de service pour la distribution des repas et elle m'a même proposé de finir toute seule pour que je puisse commencer à manger tranquillement. Ça tombait bien, il y avait des brochettes et j'adore ça !

Sensei : suffixe utilisé pour désigner un professeur, un aîné, etc.

Les ressources de la pêche

La pêche fait vivre des millions de familles grâce à près de 35 000 km de côtes et au développement de la pêche en haute mer.

Tokyo possède le plus grand **marché aux poissons** du monde avec plus de 500 espèces différentes vendues.

La pêche en haute mer se pratique à l'aide d'immenses **navires-usines** qui peuvent ramener plusieurs tonnes de poissons.

Le long des côtes, **la pêche traditionnelle** se perpétue. Les Japonais sont les plus gros consommateurs de poisson au monde.

Tokyo : la mégalopole

Le grand Tokyo comprend plus de 40 millions d'habitants avec une immense banlieue et la cité portuaire de Yokohama.

Le quartier du luxe et des affaires de Ginza

Shinjuku, le quartier de nuit

Quartier populaire d'Asakusa

Le palais impérial, au cœur de Tokyo

Les cerisiers en fleur

Samedi 10 avril

Hier, papa est rentré très tard. J'ai entendu la porte claquer et des chuchotements. À cause de son travail, il est souvent obligé d'aller boire un verre avec ses collègues. Il n'arrête pas de répéter à ma mère que c'est important pour sa carrière, qu'il gère une équipe de plus de cinquante personnes et que cela implique certains sacrifices mais, ces derniers temps, c'est presque un soir sur deux... Moi je comprends bien que maman soit énervée. Heureusement, comme elle est de nature joyeuse et entreprenante, elle a décidé que nous irions tous pique-niquer au parc de Sumida Koen à l'occasion du *hanami**. Cette année est une année froide, les cerisiers ont fleuri plus tard. Cela fait déjà plusieurs soirs que nous guettons la progression de la floraison à la télévision. Le front se déplace de jour en jour. Hier, il était à Kamakura. Pas question de le manquer !

Dimanche 11 avril

Nous avons eu beaucoup de chance car, malgré le monde, maman avait réussi à réserver un petit emplacement tout près de la rivière Sumida. Malheureusement, l'ambiance est restée morose tout au long du pique-nique. Papa a à peine goûté les *onigiri* et l'omelette. J'ai bien essayé de plaisanter avec Takao mais rien à faire, il n'a pas levé une seule fois les yeux de son manga. Mais qu'est-ce qu'ils ont donc, les hommes de notre famille ?...

Hanami : fête au cours de laquelle on sort en famille pour contempler les fleurs.

Haruka est élue déléguée

Lundi 12 avril

Notre professeur nous a demandé d'acheter un couteau à sushi pour le cours de cuisine alors, sur le chemin de l'école, j'ai proposé à Haruka de faire un détour par la Kappabashi-dori. On l'a surnommée la rue des « toqués »* car on y trouve absolument tout ce qu'il faut pour cuisiner. Haruka m'a rappelé que l'élection aurait lieu lundi prochain. Je ne suis pas très inquiète pour elle. Elle n'a que Mieko et son équipe comme adversaires et on ne peut pas dire qu'ils aient beaucoup de propositions. En revanche, si elle est élue, Kenta le sera aussi... Comme j'étais un peu triste depuis hier, j'ai appelé Haruka le soir et nous avons décidé de retourner ensemble au parc pour la fin de la floraison.

Lundi 19 avril

J'avais préparé un petit discours pour soutenir Haruka mais j'ai l'impression que tout le monde était déjà décidé. Il faut dire qu'elle a multiplié les idées originale : dessiner une grande fresque colorée sur le mur de la classe, organiser une braderie de livres, créer un club de *shonen mangas** et, surtout, elle a parlé d'un concours d'écriture inter classes... Elle a été élue présidente avec 26 voix sur 38. Mariko sera vice-déléguée et Kenta, assistant. Je suis fière d'elle mais un peu jalouse pour Kenta. En rentrant, je voulais lui parler de mes parents mais elle était tellement excitée que j'ai remis cela à plus tard.

Toqués : allusion aux cuisiniers qui portent une toque.
Shonen manga : manga pour garçons.

L'école

L'année scolaire démarre au mois d'avril. On entre à l'école à l'âge de six ans et on y reste jusqu'à douze ans.

Les déjeuners sont servis par les élèves directement dans les classes. Ils nettoient ensuite la salle et les couloirs.

Les écoliers, filles et garçons, suivent également des cours **de cuisine et de couture.**

Tous les matins, avant de se mettre au travail, on **salue son maître**. L'uniforme n'est pas obligatoire en primaire, mais il le devient pour tous au collège.

Art de vivre

Les Japonais sont très raffinés dans tous les aspects de la vie quotidienne.

L'ikebana, ou « voie des fleurs », est l'art d'apprêter les fleurs pour honorer un dieu ou décorer un intérieur, un autel.

Un cadeau réussi se remarque par son **emballage**, toujours extrêmement soigné, coloré et délicat.

La cérémonie du thé est effectuée par des maîtres du thé selon un cérémonial extrêmement savant et codifié où rien n'est laissé au hasard.

On part en week-end !

Vendredi 23 avril

Ce soir au dîner, maman nous a annoncé que papi et mamie nous invitaient à passer le week-end à Shuzenji dans leur *ryokan**. J'ai poussé un cri de joie. Je pensais que Takao serait content, lui aussi, mais il restera à Tokyo pour bosser ses cours. J'ai bien insisté en lui rappelant nos parties de chasse à la grenouille dans les jardins, mais rien à faire. Il n'est plus drôle du tout. En plus, je ne suis pas dupe, je suis sûre qu'il consacrera une bonne partie de son week-end à son ordinateur et à ses mangas. Heureusement, papa a promis qu'il serait là. Lui aussi a beaucoup de travail mais il a compris que maman comptait vraiment sur sa présence. Avant de me coucher, j'ai aidé maman à préparer des *bento** car on se lève à 6 h demain pour prendre le train.

Ryokan : auberge traditionnelle japonaise.
Bento : petite boîte à pique-nique.

Samedi 24 avril

On a retrouvé mes grands-parents en fin de matinée. En cette saison, tous les arbres du ryokan sont en fleurs et l'auberge est pleine à craquer. Il ne restait plus que notre chambre de libre, celle que grand-mère nous réserve toujours quand on vient. Je l'adore. Grand-mère a montré à maman ses nouvelles compositions florales pendant que grand-père amenait papa découvrir ses derniers bonsaïs. Je lui ai demandé combien il en avait mais il a souri en me disant que le nombre importait peu.

Un ryokan traditionnel

Le ryokan est une auberge où l'on vient se relaxer et profiter de l'art de vivre à la japonaise. Les chambres possèdent souvent plusieurs petites pièces toutes recouvertes de *tatamis* (nattes de paille de riz), ce qui impose de se déchausser.

Avant d'entrer aux toilettes, on enfile **des mules** ❾ destinées à ce lieu intime.

Dans les ryokans les plus luxueux, **une aide personnelle** ❽ en kimono et *geta* (socques) s'occupe de servir le repas traditionnel (*kaiseki*) dans la chambre, de sortir et ranger les futons et peut même vous enseigner le port du kimono.

Certains ryokans possèdent **des bains communs** ❺ ou privés dont les eaux sont directement alimentées par une source thermale (*onsen*). Riches en minéraux, elles sont autant de bienfaits pour la santé.

Un kimono léger ❼ en coton (*yukata*) est à la disposition des clients qui peuvent l'utiliser dans l'ensemble du ryokan, pour se rendre aux bains communs ou se retrouver au salon de thé.

Japon des campagnes

Loin des villes, le Japon des campagnes vit au rythme des rizières et des villages traditionnels.

Le riz est la céréale de base au Japon, surnommé le « pays du riz abondant ».

Composé à 70 % de montagnes, le pays a accueilli au cœur des **Alpes japonaises** les JO d'hiver de Nagano en 1998.

Dans les campagnes, la cuisine se prépare autour de **l'irori**, foyer ouvert muni d'une crémaillère réglable. Ce foyer sert aussi de chauffage.

Une soirée magique

Samedi 24 avril

Quelle soirée magique ! Notre chambre possède un bain en plein air au milieu d'un massif de fleurs. J'ai dû y rester une heure. J'étais tellement bien que j'ai fini par somnoler. « Sa source vient directement du mont Fuji », m'a chuchoté maman en me rejoignant, « quand j'étais petite, je pouvais passer des heures à rêvasser ici. » Dire qu'elle a grandi dans ce petit paradis et qu'on vit à présent au milieu des tours ! Ensuite, grand-mère nous a fait servir un festin, des dizaines de petits plats tous adorablement présentés. « On dirait de la vaisselle pour poupées », me suis-je exclamée. Grand-mère a souri et m'a dit qu'à bientôt douze ans, j'étais mûre pour apprécier la cuisine *kaiseki**. Papa a voulu que je goûte les abalones fraîches. Il paraît que ça coûte une fortune mais j'étais plutôt dégoûtée. En tout cas, cela faisait longtemps que je ne l'avais pas vu aussi gai.

Grand-père nous a rejoints en fin de soirée et m'a raconté la légende de la princesse Konohana, reine du mont Fuji, qui possède le pouvoir de faire fleurir les plantes. D'après lui, elle était tellement jalouse que pendant très longtemps, le Fuji fut interdit aux femmes pour ne pas provoquer sa colère. J'adore vraiment cette histoire. Grand-père me la raconte depuis que je suis toute petite et je le soupçonne d'inventer de temps à autre de nouvelles anecdotes. Il m'a promis que demain, si le temps le permettait, on irait admirer le Fuji depuis la colline. Il a beau être à plusieurs centaines de kilomètres, on peut le voir par temps clair.

Kaïseki : gastronomie, banquet.
Abalones : mollusques marins.

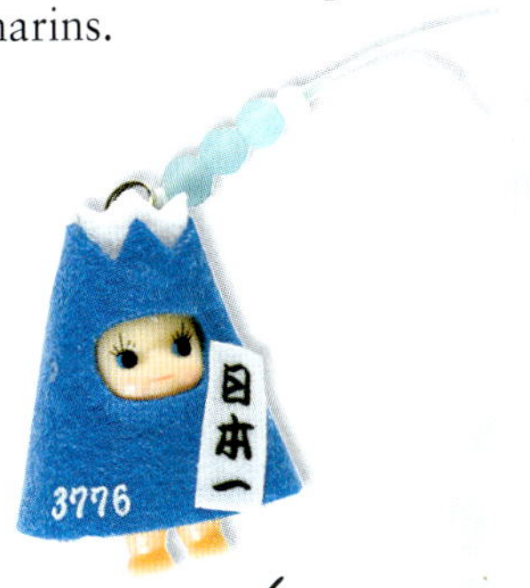

Porte-bonheur

Le mont Fuji

Icône du Japon avec son sommet d'une blancheur éternelle, le mont Fuji culmine à 3 776 m.

Le peintre **Hokusai** a réalisé une série d'estampes, les *Trente-six vues du Mont Fuji*, très célèbres. On y voit le mont Fuji représenté à chaque saison.

L'ascension du mont Fuji, souvent enneigé, n'est ouverte que deux mois dans l'année de la fin juin à la fin août.

Considéré comme une divinité dans la religion shintoïste, le Fuji est présent sur de multiples **objets porte-bonheur**.

Excursion à Shimoda

Dimanche 25 avril

Ce matin, au réveil, le temps était plutôt à la pluie. Alors, faute de mont Fuji au lointain, grand-père a proposé de nous conduire à Shimoda, à la pointe sud de la péninsule. Pendant le trajet, maman m'a expliqué que cette petite ville de pêcheurs avait été l'un des premiers ports japonais ouvert au commerce international. À l'école, on nous a souvent parlé du commodore Perry et de son Black Ship. Il a accosté à Shimoda en 1854 et forcé notre pays à commercer avec l'extérieur. Maman n'arrêtait pas de parler mais papa écoutait à moitié.

En fin de matinée, on s'est promené dans les petites rues à côté du port. Il paraît qu'à Shimoda, les tremblements de terre sont tellement fréquents que les enfants portent tous un casque pour aller à l'école. C'est drôle parce que, dans la mienne, le seul qui ait un

casque accroché à son bureau, c'est le professeur. Avant de reprendre la route, on a déjeuné dans un petit restaurant de poisson près du port. J'étais pressée de rentrer pour retrouver grand-mère. Hier, elle m'a donné un kimono de maman qu'elle avait gardé pour moi. Elle m'a promis de m'apprendre à le plier. Elle est impressionnante grand-mère, très efficace mais sans jamais un mot de trop. Maman me dit souvent qu'elle se demande comment elle a fait pour avoir une fille comme elle, bavarde et impatiente...

Les transports

Les transports jouissent d'équipements ultra-modernes mêlant haute technologie et efficacité sans faille.

Long de 13 km, **le pont de Seto Ohashi** est parcouru d'une autoroute au niveau supérieur, d'une ligne ferroviaire et d'une route au niveau inférieur.

De nombreux **ferries** font la navette entre les différentes îles du Japon.

Reliant l'île de Hongshu à l'île de Hokkaido, **le tunnel de Seikan** est le plus long tunnel au monde avec près de 54 km de voie ferroviaire passant sous la mer.

Le monde de l'entreprise

L'entreprise est un monde avec ses rites, ses habitudes et de nombreux codes à respecter.

La journée de travail commence par **une séance de gymnastique** qui réunit tout le personnel.

Le respect de la hiérarchie et une politesse exacerbée caractérisent les relations entre employés et dirigeants.

L'homme d'affaire typique travaille tard, sort souvent le soir pour boire un verre avec ses collègues. Il ne voit pas beaucoup ses enfants et délègue les responsabilités du foyer à son épouse.

Ça ne va pas

Lundi 26 avril

Pour que je sois en classe à 8 h, on a pris le *shinkansen** à 6 h ce matin. Une fois installés, papa s'est réfugié dans le *Asahi Shinbun**, maman dans un livre... J'ai bien tenté de lire un petit passage du dernier roman que m'a passé maman mais je me suis endormie. À Tokyo, papa s'est précipité dans le métro pour rejoindre son bureau et maman m'a accompagnée en bus à l'école avant de se rendre à son travail à la bibliothèque.

Jeudi 29 avril

Haruka m'a reparlé du concours d'écriture. Il s'agit d'une rédaction dont le sujet sera libre. Elle compte demander à quelques élèves des

Shinkansen : TGV japonais.
Asahi Shinbun : grand quotidien.

trois classes qui participent d'être membres du jury. Je lui ai confié que j'aimerais bien écrire quelque chose sur ma grand-mère, sa discrétion, les nombreux sacrifices qu'elle a dû faire pendant la guerre, son courage, sa ténacité. Elle a trouvé que c'était une excellente idée.

Dimanche 1er mai

Haruka est venue me voir. Comme elle me trouvait bizarre, j'ai fini par lui parler de mes parents mais je n'ai rien osé lui dire pour Kenta. J'ai l'impression que quelque chose ne va pas chez mon père mais je ne sais pas quoi. Haruka m'a écoutée, songeuse, puis elle a essayé de me rassurer. Elle aussi s'inquiète. Sa maman s'ennuie beaucoup, seule à la maison. Elle n'a jamais travaillé malgré un diplôme de comptabilité. « Quand j'étais petite, a-t-elle ajouté, mon père souhaitait qu'elle s'occupe de moi et maintenant je crois qu'elle regrette un peu d'avoir tout abandonné. »

L'Asahi Shinbun

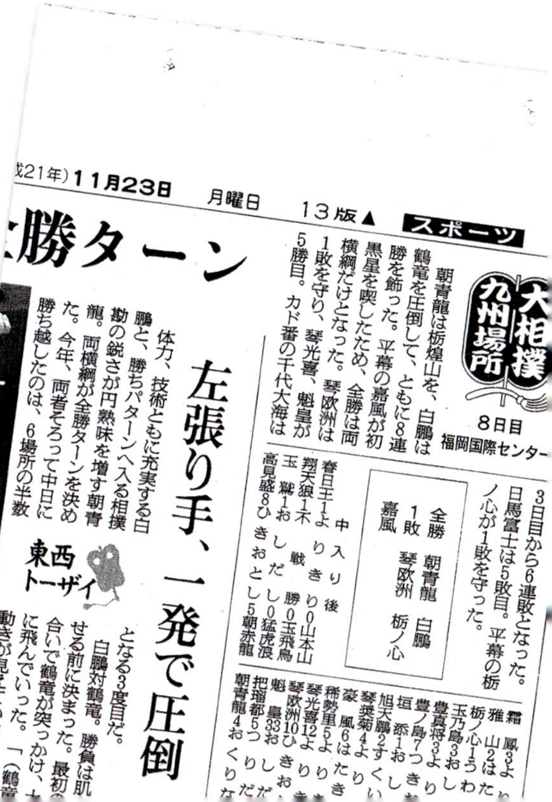

Trop kawaï !

Mercredi 10 mai

J'ai douze ans ! Maman a préparé un délicieux gâteau au thé vert que l'on a badigeonné de sauce au haricot rouge. Mamie m'a envoyé un livre sur les origamis et un petit *daruma**. On a dégusté le gâteau toutes les deux car papa n'était pas encore rentré et Takao suivait ses cours du soir. J'en ai profité pour interroger maman sur son enfance et lui demander pourquoi elle avait tenu à travailler alors que papa gagne bien sa vie. « Tu sais, m'a-t-elle dit, aujourd'hui, beaucoup de femmes préfèrent travailler. Mais, l'important, a-t-elle ajouté, ce n'est pas tant de travailler que d'aimer ce que l'on fait. À toi de bien réviser pour pouvoir choisir plus tard. Moi, quand j'avais ton âge, j'aimais tellement les livres que je voulais absolument être bibliothécaire ou libraire. » Je n'ai pas osé lui dire que mon rêve était d'être écrivain. En fait, cela change tout le temps dans ma tête, mais écrivain, tout de même, cela revient souvent.

Quant Takao est arrivé, on était encore en train de discuter et j'ai été toute surprise qu'il ait lâché une seconde ses mangas pour penser à mon anniversaire. Il m'a offert des petits autocollants trop *kawaï** à coller sur mon portable. Maman lui a proposé un morceau de gâteau et il est resté un petit moment avec nous. J'en ai profité pour le taquiner sur sa nouvelle coupe de cheveux. Il a rougi en disant que le coiffeur l'avait encouragé à se faire des mèches blondes. Puis, il a filé dans sa chambre en prétextant avoir encore beaucoup de révisions. Avant de me coucher, j'ai soigneusement rangé mes cadeaux puis j'ai fait un vœu secret en gratifiant mon daruma d'un premier œil noir.

Un daruma

Kawaï : mignon.
Daruma : petit bouddha aux yeux décolorés.
On peint un œil en noir en faisant un vœu.
Lorsqu'il se réalise, on peint le deuxième.

Le gâteau d'anniversaire

Le gâteau au thé vert et à la purée de haricots rouges est une recette familiale. On trouve le thé vert en poudre (*matcha*) et les haricots rouges dans les magasins asiatiques.

Ingrédients : 125 g de beurre, 125 g de farine, 125 g de sucre blanc, 5 à 10 g de thé *matcha*, 2 œufs, un paquet de haricots rouges.

Le gâteau : Battre le beurre avec un fouet. Ajouter le sucre, puis peu à peu les œufs préalablement battus. Incorporer au mélange farine et thé vert.

La cuisson : Mettre cette préparation dans un moule à cake (tapissé de papier sulfurisé) puis cuire 30 min à 80C °.

La sauce : Mettre les haricots dans une casserole d'eau froide que l'on porte à ébullition. Quand l'eau boue, jeter l'eau et recommencer l'opération. Faire cuire pendant 1 h 30, jusqu'à ce que les haricots soient bien mous. Ajouter alors du sucre brun et, à la fin, une pincée de sel.

La visite du professeur

Pin's manga

Jeudi 11 mai

Haruka avait une surprise pour moi ce matin. Elle m'a demandé de l'ouvrir quand je serai toute seule en s'excusant de n'avoir pas eu le temps de venir hier. Ce mois-ci, c'est le *kateïhoumon** et, hier, notre professeur était chez elle. Je lui ai demandé si tout s'était bien passé et elle m'a dit qu'Okada sensei avait félicité sa maman sur la bonne tenue de son intérieur. Mon tour viendra mardi prochain. Pourvu que mes parents ne se disputent pas ce jour-là ! En arrivant chez moi, je me suis précipitée pour ouvrir le cadeau d'Haruka : un tee-shirt peint à la main où elle a imprimé nos deux visages. Je l'ai aussitôt appelée pour la remercier.

Vendredi 12 mai

Aujourd'hui, pendant le cours de mathématiques, j'ai eu un coup au cœur en surprenant Kenta et Haruka en train d'échanger des petits mots. Heureusement, je crois être la seule à m'en être aperçue car au même moment, notre professeur annonçait que nous irions bientôt voir le prochain film de Miyazaki et tout le monde s'est mis à applaudir. En sortant des cours, je n'ai pas pu m'empêcher d'interroger Haruka mais elle a rétorqué qu'il s'agissait juste de la prochaine réunion de délégués. Je ne suis pas dupe. Je sens bien que Kenta préfère Haruka, mais que faire. Et puis, je n'ai pas envie du tout de perdre ma copine pour un garçon...

Mardi 16 mai

Okada sensei vient de passer chez nous et on a beaucoup ri finalement. Maman lui a conseillé quelques livres pour notre classe et papa n'est pas rentré trop tard et lui a offert une petite coupe de saké. J'ai même eu l'honneur de lui faire visiter ma chambre. Évidemment, j'avais pris soin de tout bien ranger et de cacher mon carnet. Quant à Takao, il n'a pas daigné pointer son nez mais ce n'est pas plus mal finalement.

Kateïhoumon : visite annuelle du professeur au domicile de chaque élève.

Le grand matsuri d'Asakusa

Le Sanga matsuri d'Asakusa est une des fêtes les plus populaires de Tokyo. À l'origine, les matsuri se tenaient au moment des semences et des récoltes afin d'apaiser les divinités. Aujourd'hui, chaque ville, chaque quartier a son matsuri. Celui d'Asakusa se caractérise par une immense procession qui part du sanctuaire shintoïste Sanja-sama (sanctuaire des Trois Gardiens) et rassemble près de deux millions de visiteurs.

Lors du matsuri d'Asakusa, près d'une centaine de mikoshi suivent toute la procession. Ces **minisanctuaires portatifs** sur lesquels sont installés les dieux peuvent peser jusqu'à une tonne, nécessitant des équipes entières d'hommes pour les porter.

Au sein de la procession, chaque quartier se distingue par son **costume traditionnel**, composé notamment d'une tunique (*happi*) et d'un bandeau qui ceint le front.

Une des fonctions du matsuri est de rassembler les hommes autour d'une fête animée et joyeuse pour que se recrée les solidarités de quartier et de village. La procession est ainsi jalonnée de nombreux **stands de brochettes et autres en-cas.** On boit régulièrement du saké (alcool de riz) à la santé des dieux.

Les mangas
Les mangas existent depuis le Moyen Âge sous la forme de rouleaux peints associant images et textes.

Extrêmement populaire au Japon, **Doraemon** est un robot-chat envoyé du futur pour aider un jeune adolescent, Nobita, à combattre les échecs.

Les jeunes Japonais aiment **se déguiser** pour imiter leurs personnages préférés, héros de mangas ou de jeux vidéo.

Les mangas-cafés proposent de petites cabines individuelles où l'on peut consulter Internet, lire des mangas et disposer de boissons à volonté.

Papa exagère

Vendredi 19 mai

Papa exagère vraiment. Il vient d'annoncer à maman qu'il allait devoir s'absenter ce week-end. Encore un voyage d'affaires ! Pile au moment où se tient le grand *matsuri** d'Asakusa. En plus, il fait partie d'une équipe de porteurs de *mikoshi** et va devoir se faire remplacer. Maman a très mal réagi. Ils se sont disputés jusque tard dans la nuit…

Un vœu

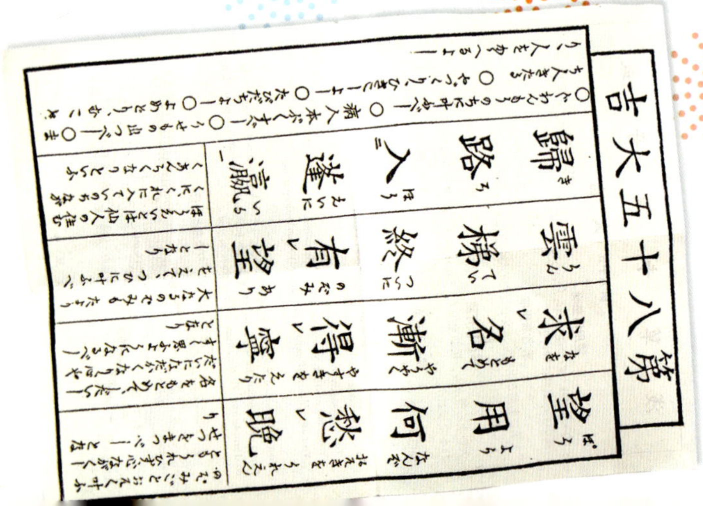

Samedi 20 mai

Ce matin, maman avait retrouvé sa bonne humeur. Elle est impressionnante pour cela. Quand je me suis levée, elle avait déjà eu le temps de préparer un bento pour Takao. Pour lui, pas question de participer au matsuri. Il révise ses cours ! Nous avons enfilé nos kimonos et maman

m'a aidée à fixer ma ceinture. Je la trouve si belle ainsi, surtout quand elle attache le bandeau portant le nom de notre quartier autour de ses cheveux. J'ai retrouvé Haruka dans la délégation et je me suis placée derrière elle pour porter l'autel de la jeunesse.

Pendant la procession, on n'a pas arrêté d'être pris en photo par des touristes. On a remonté toute la ruelle piétonne jusqu'au temple. J'avais bien envie d'aller tirer un vœu pour interroger les dieux mais il y avait trop de monde. Et, demain, ce sera pire. Maman a parlé de deux millions de personnes. Je suis fière que mon quartier attire autant de monde.

Matsuri : festival de quartier.
Mikoshi : autel portatif.

Culture pop'

La culture populaire des jeunes Japonais mêle mangas, jeux vidéo, héros de bandes dessinées ou de dessins animés et autres personnages imaginaires que l'on retrouve sur mille et un petits objets fétiches.

Hello Kitty se retrouve dans les séries, les jeux vidéo et sur de nombreux produits et vêtements.

Les parcs d'attraction sont une des sorties favorites des familles, le week-end.

Pikachu est sans doute le plus connu des pokémon.

Les goodies sont de petits objets gadgets très prisés des Japonaises : porte-clés, minipoupées, stickers, accroches de portable.

Un dimanche tranquille

Dimanche 28 mai

Encore une drôle de semaine. Papa continue de rentrer très tard. Maman ne dit plus rien mais je sens qu'elle bouillonne. Quant à Takao, il passe son temps entre sa chambre et les boutiques de mangas. Pour l'instant, mes parents le laissent tranquille parce qu'il a de bons résultats mais il travaille quand il veut. Ce matin, il est sorti en disant qu'il ne déjeunerait pas à midi. Je parie qu'il est encore allé traîner à Nakano acheter des mangas.

Demain, on part en voyage scolaire à Kyoto et je voulais préparer mon sac cet après-midi, mais... j'ai soudain eu envie d'écrire et d'entamer ma rédaction. Je ne savais pas trop par où commencer et puis j'ai revu le visage de ma grand-mère, son sourire et les mots sont venus. Malgré tout, quand Haruka m'a appelée pour faire les

boutiques de Shibuya avec quelques copines, je n'ai pas pu résister. J'ai acheté deux shorts et un petit haut marin. Haruka a voulu prendre le même mais c'était le dernier. Alors, par dépit, elle a ensuite dévalisé toutes les boutiques. Je ne l'avais jamais vue aussi excitée. Elle a dû acheter trois jeans, cinq tee-shirts et une superbe paire de baskets roses qu'elle inaugurera pour le voyage. C'est évident qu'elle veut séduire Kenta, mais je n'ai rien dit !

Biscuits

Goodies

La geisha de Gion

Mardi 30 mai

Déjà une journée à Kyoto. Hier, j'étais épuisée. Il faut dire que j'imaginais la ville toute petite et, en fait, c'est immense. Notre hôtel est à côté du Pavillon d'or. Je partage ma chambre avec Haruka et Kaori et on a la chance d'avoir une vue sur un petit jardin tranquille. Ce soir, on était tout excitées car notre professeur nous a amenés visiter le quartier de Gion. J'espérais croiser une *geisha** et mon vœu a été exaucé ! Alors qu'on se promenait entre les petites maisons de bois, on a d'abord entendu un étrange clic-clac. Puis, telle une apparition, une geisha s'est faufilée entre nous. On voulait prendre en photo son kimono d'apparat et sa coiffure impressionnante mais elle a doucement protesté et on n'a pas insisté.

D'après notre professeur, le nombre de geishas n'a cessé de baisser ces dernières années. On n'en compterait plus que quelques centaines, la plupart ici, à Gion. Puis, il nous a détaillé leur formation. C'est presque pire que nos examens d'entrée à l'université. Et tout cela coincée dans un lourd kimono de soie !

Geisha : courtisane japonaise.

Éventail

Religions
Bouddhisme, shintoïsme et culte des ancêtres sont régulièrement pratiqués selon les circonstances.

Grand bouddha de Kamakura
Le bouddhisme est arrivé au Japon au VIe siècle.

La famille et le culte des ancêtres sont au cœur de la **fête du Bon**, dédiée aux morts, que l'on célèbre à la mi-août.

Dans les moments importants de leur vie, les Japonais vont au temple **pour tirer un vœu** et interroger les dieux.

Au château Nijo

Mercredi 31 mai

Ce matin, pour notre dernier jour, nous avons visité le château de Nijo, la résidence des shoguns* Tokugawa. Les garçons de la classe étaient fascinés. Le château possède 33 pièces et près de 800 tatamis. Mais, ce qui nous a le plus amusés, c'est le « parquet rossignol ». Lorsque l'on marche dessus, il émet des sifflements d'oiseau destinés à alerter le shogun en cas de conspiration. J'aurais bien aimé aussi visiter les chambres secrètes mais on n'a pas eu le temps. Nos professeurs ont préféré nous amener voir l'auberge Jinya, juste à côté. Ils avaient préparé un petit exercice sur les samouraïs. Puis, ils ont organisé un jeu de piste à la découverte des passages secrets, trappes, faux plafonds et autres escaliers tordus qui permettaient aux samouraïs d'échapper aux espions. On s'est beaucoup amusé. À un moment, on a même cru avoir perdu Kenta mais

il est arrivé au bus en courant, rouge comme une pivoine. C'est là que j'ai réalisé qu'Haruka aussi venait de me rejoindre…

Le soir, j'ai appelé ma mère pour prendre des nouvelles et elle m'a dit que papa aussi rentrait demain. J'avais complètement oublié qu'il était encore en voyage et cela m'a un peu gâché cette dernière journée. Pauvre maman, elle est si souvent seule à la maison. Parce que s'il fallait compter sur Takao…

Shogun : chef militaire.

Le samouraï

Le guerrier samouraï dédiait sa vie à son maître qu'il servait avec fidélité selon un code, le *bushido*, mêlant droiture, honneur, courage, bonté et fidélité.

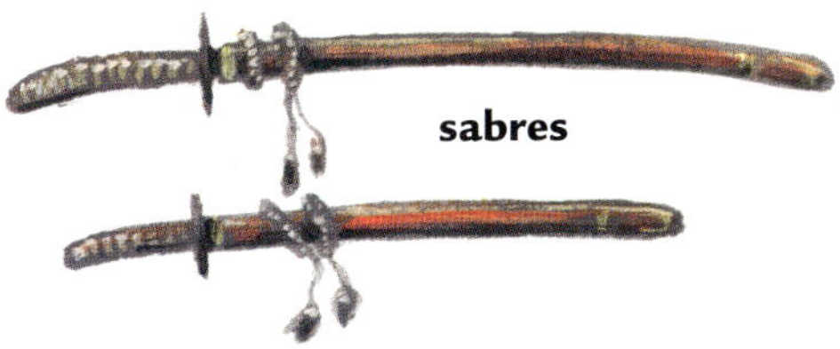

Une étrange rencontre...

Jeudi 1er juin

Je ne sais pas que penser. Tout à l'heure, alors que notre train arrivait à Tokyo Station, j'ai cru apercevoir mon père accompagné d'une jeune inconnue. Mon cœur s'est soudainement mis à battre très fort. Le temps de me retourner, ils avaient disparu, engloutis par la foule. J'ai interrogé Haruka pour voir si elle avait remarqué quelque chose mais elle pianotait sur son mobile. Quand elle a vu mon trouble, elle a été très chouette. Elle a même fini par me confier qu'elle sortait avec Kenta. Je m'en doutais bien sûr, mais cela m'a

tout de même fait un coup. Par chance, j'étais déjà tellement bouleversée qu'elle ne s'est aperçue de rien. Elle m'a demandé pourquoi je ne me cherchais pas un amoureux, moi aussi. Je n'ai rien répondu. Impossible de lui confier mon attirance pour Kenta. Je préfère oublier les garçons pour un temps, mon père et mon frère m'énervent déjà assez en ce moment.

À la maison, maman avait préparé un délicieux flan salé pour m'accueillir. Elle m'a annoncé que papa rentrerait un peu plus tard. Je n'ai rien répondu mais elle a bien vu que quelque chose n'allait pas. J'ai voulu donner le change en racontant le voyage : Kyoto, les bannières en forme de carpes accrochées aux maisons pour la fête des garçons… mais les mots passaient difficilement. Alors, j'ai sorti le joli *noren** acheté pour elle et j'ai filé dans le bain pour me détendre en rêvant aux geishas de Gion.

Noren : petit rideau fendu en deux qui sert de séparation entre deux pièces.

Hygiène et art du bain

Au Japon, on porte une grande attention à l'hygiène et au soin du corps. Le bain est un moment de détente, de bien-être, voire de méditation.

On se lave avant d'entrer dans **la baignoire** et ensuite toute la famille utilise la même eau : d'abord le chef de famille, puis la maman, enfin les enfants.

Les toilettes mêlent technicité et confort : lunette chauffante, jet d'eau directionnel actionné par une multitude de boutons, musique d'ambiance, fontaine à eau automatique pour se laver les mains.

Dans **les bains publics**, on se baigne entièrement nu dans un bassin non mixte où l'eau est maintenue entre 40 °C et 56 °C.

Un été sans histoire

Dimanche 6 juin

J'ai décidé d'arrêter de me faire du souci pour papa et maman et de profiter de l'été qui arrive. Pour les vacances, je vais m'inscrire au club de sport du quartier. On peut faire de la gym, du tennis et il y a une piscine tout près. Haruka et Mieko ont également décidé de s'inscrire. Il me tarde !

Vendredi 11 juillet

Ce soir, c'est la fête des étoiles. Haruka et Kenta ont tellement insisté que j'ai fini par les accompagner au feu d'artifice. Nous avons revêtu nos kimonos d'été et chaussé nos sandales de bois et sommes allés nous régaler de beignets sur le chemin de la parade. Puis, de retour du feu d'artifice, ils ont voulu que je dépose un vœu sur les immenses bambous placés devant les magasins. Kenta a été très gentil avec moi. Il m'a même

offert une *kakigori**. Finalement, j'aime autant qu'on soit juste amis, au moins je suis sûre que cela durera ! Pour les remercier, sur le chemin du retour, j'ai acheté des brindilles d'artifice qu'on a allumées ensemble et des brochettes qu'on s'est partagées.

Vendredi 18 juillet

Ça y est ! On est en vacances ! J'en avais marre des devoirs. Cet après-midi, j'ai rendez-vous avec Haruka. On a décidé d'aller faire un tour dans les nouvelles boutiques d'Harajuku. J'ai envie de m'acheter une robe et un sac de voyage car maman nous a promis que l'on irait comme chaque année à Iwakuni pour la fête de l'O-Bon. C'est là que sont enterrés mes grands-parents paternels, tout près d'Hiroshima. Ils sont morts quand j'étais encore petite, des suites de la bombe atomique m'a expliqué mon père. À l'époque, mes grands-parents étaient encore à l'école. Ils auraient été contaminés par les rejets nucléaires mais on ne l'aurait détecté que beaucoup plus tard, après la naissance de mon père.

Kakigori : glace pilée arrosée de sirop et parfois accompagnée de pâte de haricots rouges.

Hiroshima, symbole de paix

Le 6 août 1945, une bombe atomique explose sur Hiroshima. En quelques secondes, la ville est entièrement détruite et 80 000 personnes sont tuées sur le coup.

Dans le parc du Mémorial pour la paix, on peut voir **le dôme de la bombe A**, seul bâtiment à être resté debout.

Cette montre indique 8 h 15, l'heure exacte à laquelle la bombe fut larguée, produisant un énorme nuage de poussière en forme de champignon.

Le ginkgo possède une résistance étonnante aux radiations. L'un d'eux fit à nouveau des bourgeons un an après le bombardement atomique.

On a ri un bon coup

Friandises

Dimanche 27 août

Finalement, on a passé presque dix jours dans la région d'Hiroshima. Takao a tout fait pour ne pas venir mais, pour une fois, mes parents ont tenu bon. Il s'est vengé en lisant des mangas du matin au soir. Cela m'a fait de la peine car mes parents avaient organisé plein de visites et papa avait l'air beaucoup plus détendu qu'à Tokyo. Demain, c'est le retour de vacances et, déjà, j'ai senti papa un peu plus nerveux ce matin. Pourvu que les mois à venir soient plus faciles !

Vendredi 1er septembre

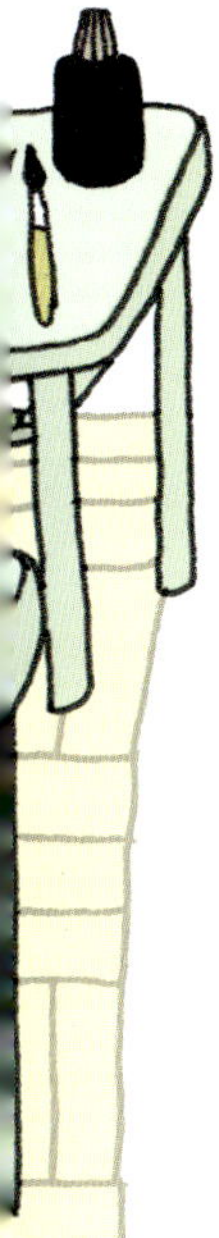

On est à peine rentrés et on a déjà plein de devoirs ! Heureusement, ce matin, c'était l'entraînement au tremblement de terre et on a ri un bon coup. Quand la sirène a retenti, après avoir ouvert toutes les portes et fenêtres, on s'est tous précipités sous les tables en coinçant le coussin de notre siège sur notre tête. Le professeur était en train de procéder à l'évacuation de la salle quand on a entendu un grand cri. Aki était coincé et n'arrivait plus à sortir de son bureau. « Voilà ce que c'est de se gaver de *sembei** et de sucreries », a lancé notre professeur. Aki a finalement réussi à s'extraire mais il était tout rouge. Ce soir, tout le monde a ri quand j'ai raconté mon histoire. Puis, papa nous a annoncé qu'il partait pour huit jours en mission et que nous devions être sages. J'ai jeté un regard inquiet à maman mais elle m'a fait un clin d'œil rassurant. Bizarre.

Sembei : galette de riz sucrée ou salée.

Tremblements de terre

Avec près de 5 000 secousses annuelles, les tremblements de terre font partie de la vie quotidienne des Japonais.

D'après la légende, **Namazu**, le poisson-chat géant de la famille des silures agitant sa queue sous terre serait à l'origine des tremblements de terre.

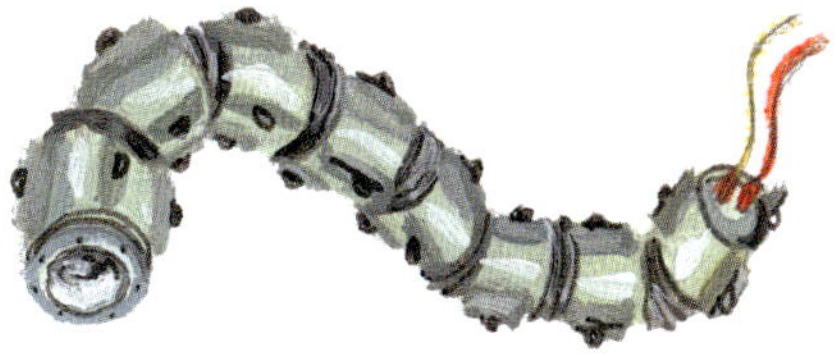

Plusieurs robots ont été mis au point pour aider les victimes des tremblements de terre. **Le robot serpent** peut se faufiler dans des endroits inaccessibles à l'homme.

Cette **valise de survie,** toujours à portée de main, contient lampe de poche, vivres et tout ce qui est nécessaire en cas de séisme.

Les arts martiaux

Les arts martiaux sont nés des luttes entre clans et des techniques de combat des samouraïs.

Pratiqué à mains nues ou avec des armes en bois, **l'aïkido** utilise la force et la volonté de son adversaire en les retournant contre lui-même.

Le Judo, « voie de la souplesse », est un combat au corps à corps qui se pratique pieds nus dans un dojo.

Le kendo, ou escrime traditionnelle, est pratiqué par cinq millions de Japonais.

Le tournoi de sumo

Dimanche 10 septembre

Papa est rentré hier matin. Et là, grande nouvelle, grâce à son entreprise, il a pu nous avoir des places pour le tournoi de sumo du *Ryogoku Kokugikan** dimanche prochain. Maman a dit qu'elle préférait rester tranquille. Papa lui a alors demandé, si elle comptait nous préparer un bon *chankonabe** pour nous remettre. Et pourquoi pas a-t-elle répondu en riant !

Ryogoku Kokugikan : grande salle de sumo de Tokyo.
Chankonabe : Pot-au-feu réservé aux sumos.

Les sumotori sont souvent considérés comme des demi-dieux et accomplissent de **nombreux rituels.** Avant le combat, les lutteurs (*rishiki*) frappent dans leurs mains pour attirer l'attention des dieux, lèvent leur jambe et la reposent violemment avec un bruit sourd afin de chasser les démons. Enfin, avant l'affrontement final, ils jettent du sel sur le sol pour le purifier.

La tenue du sumotori comporte une bande de tissu (*mawashi*) nouée autour de la taille et de l'entrejambe, ainsi qu'un tablier (*kesho-mawashi*) pesant une quinzaine de kilos. Ses cheveux sont rassemblés en chignon et lissés avec de l'huile de camélia.

Engraissés dès l'âge de 12 ans au **chankonabe**, pot-au-feu extrêmement calorique, les sumotori peuvent peser jusqu'à 200 kilos.

L'arbitre fait appliquer les nombreuses règles et autres prises. Il existe 70 prises, mais les trois principales sont la poussée, la torsion et le jet par-dessus le corps.

Les arts martiaux

Très populaires, les arts martiaux sont pratiqués dès l'école.

Le karaté, technique de combat à mains nues appelée aussi « voie de la main vide », s'est d'abord développé sur l'île d'Okinawa avant de se répandre dans tout le Japon.

Le shintaido concentre diverses techniques de karaté compilées dans les années 1960 par maître Aoki et son équipe.

Le kyudo, ou « la voie de l'arc », demande une grande concentration.

Tout bascule

Jeudi 21 septembre

Ce soir, papa nous a amenés dans un petit restaurant d'anguille au coin de la rue. On s'est vraiment régalé et je ne me doutais de rien jusqu'à ce qu'il commande une bouteille de saké et qu'il en propose à Takao. C'est la première fois que je les vois trinquer « entre hommes ». Puis, il nous a regardés tous les deux et a fini par annoncer qu'il allait être muté à Sendai pour prendre la tête du département Sony de la préfecture du Miyagi. J'étais abasourdie. Maman m'a tout de suite rassurée en me disant que, dans un premier temps, papa ferait des allers-retours et que nous finirions notre année scolaire à Tokyo. Il est même possible que Takao reste plus longtemps s'il a besoin. Papa m'a dit qu'il n'avait pas voulu nous en parler tant que ce n'était pas sûr mais qu'il avait souvent été là-bas, que Sendai était une ville agréable avec beaucoup de parcs et de verdure et qu'on y serait bien. Je n'ai rien répondu. Jamais je n'aurais imaginé quitter Tokyo.

Mardi 26 septembre

Depuis que papa nous a annoncé sa mutation, je suis tout le temps dans la lune. Haruka essaie bien de me distraire mais je sens qu'elle aussi redoute notre séparation. Quand je lui ai appris la nouvelle, j'ai été très touchée de voir combien elle aussi était peinée. Cela m'a un peu rassurée car je pensais que j'étais moins importante dans sa vie depuis sa relation avec Kenta. Quand on n'a pas classe, elle est tout le temps penchée sur son portable à lui envoyer SMS et *Emoji**. Elle m'a promis qu'elle m'écrirait tous les jours. Puis, elle m'a dit que le comité de sélection mis en place pour le concours avait fini de noter l'ensemble des rédactions et qu'elle annoncerait les résultats la semaine prochaine. Le concours. Je l'avais complètement oublié, celui-là.

Emoji : sorte de smileys très populaires.

L'écriture

Le japonais s'écrit en combinant des *kanji* (caractères chinois) et deux alphabets, le *hiragana* (syllabaire japonais) et le *katakana* (mots d'origine étrangères).

真 **Un kanji**

a	あ	a	ア
ka	か	ka	カ
sa	さ	sa	サ
Les hiragana		**Les katakana**	

Les mangas se lisent de droite à gauche et de haut en bas en commençant par la dernière page.

Les résultats du concours

Mardi 3 octobre

J'ai finalement remporté le concours de rédaction. Haruka a annoncé les résultats devant l'ensemble des classes mais cela m'a laissée assez indifférente. Depuis que je sais que je pars, tout m'est égal. En revanche, quand elle a lu mon texte devant toute la classe, je n'ai pu m'empêcher de ressentir une certaine fierté, d'autant que le professeur en a profité pour organiser un débat sur le travail des femmes. J'ai évoqué ma mère bibliothécaire et Mieko a dit qu'elle avait bien de la chance de travailler dans le quartier avec des horaires allégés car la sienne doit faire deux heures de métro matin et soir. On a alors eu une grande discussion sur les avantages et les inconvénients du travail des femmes et, à la récréation, Haruka m'a confié qu'elle ne savait pas encore ce qu'elle voulait faire plus tard, que cela la préoccupait. Je lui ai dit que c'était normal, même si moi j'avais déjà décidé d'être écrivain.

Ce soir, quand je suis arrivée à la maison, j'étais finalement tout excitée. Maman a lu attentivement mon récit avec un petit sourire aux lèvres, puis, elle m'a félicitée et m'a dit qu'on

irait acheter du joli papier pour relier mon devoir et en faire un livret. « Ton premier livre », a-t-elle ajouté en clignant de l'œil, ce qui m'a fait sursauter. Comment fait-elle pour toujours tout deviner… Puis, elle m'a dit qu'elle avait déjà des pistes pour un futur travail à la grande médiathèque de Sendai. J'étais aux anges, surtout qu'elle est trop belle, la médiathèque de Sendai ! Takao est rentré très tard avec un look gothic complètement déjanté. Depuis que papa est à Sendai toute la semaine, il s'est mis dans un club de *cosplay** et il arrive parfois avec des tenues trop bizarres.

Cosplay : déguisement en personnages de mangas ou de dessins animés.

Une mode très inventive

Les Japonais ont inventé la « street fashion », « mode de la rue », influencée par les mangas et les jeux vidéo.

Les Gothics ont leur rue, la Takeshita-dori, avec magasins et revues spécialisées. **Les Lolitas** aiment à se retrouver aux abords du pont Harajuku.

Les «Fruits » s'habillent de façon très colorée en superposant beaucoup de vêtements et accessoires.

Les Kogals, ou « Gals », dépensent tout leur argent en vêtements et en maquillage.

L'inconnue se révèle

Mercredi 1er novembre

Ce soir, en rentrant de l'école, j'ai été tout étonnée de découvrir la fameuse inconnue de Tokyo Station en train de bavarder dans le salon avec mes parents. Papa s'est tourné vers moi et m'a présenté Sato san, sa nouvelle collègue de travail. Elle prendra son poste au bureau de Tokyo et est de passage pour sa dernière semaine de formation. D'un coup, tous les morceaux du puzzle se sont reconstitués dans mon esprit et je me suis sentie devenir toute rouge en la saluant. Haruka me reproche toujours mon imagination débordante mais, là, je crois que j'ai vraiment exagéré. J'ai quand même été impressionnée par la classe et l'assurance de Sato san. Elle sera à la tête d'une équipe d'hommes et ne semble pas du tout inquiète. Elle m'a gentiment posé quelques questions sur mes études et m'a expliqué qu'elle venait de Sapporo, sur l'île d'Hokkaido, tout au nord du Japon. C'est trop ennuyant là-haut a-t-elle précisé. Pour une femme d'affaire dynamique, comme elle, je veux bien le croire. Elle m'a offert une petite poupée *aïnoue** vraiment kawaï.

Baie de Matsushima

daruma

Je l'ai mise à côté de mon daruma, sans oublier de lui colorier son deuxième œil d'un trait bien noir. Eh oui ! mon vœu s'est réalisé. Tout va bien à présent. Je commence même à m'habituer à l'idée d'aller vivre à Sendai l'an prochain. Finalement, on ne sera qu'à moins de deux heures en train de Tokyo. Et puis, il y a la baie de Matsushima et la plage tout près, je pourrai inviter Haruka !

Les Aïnous : premiers habitants de l'île d'Hokkaido.

Les exportations

Longtemps connu pour ses exportations de produits manufacturés, le Japon est aujourd'hui fortement touché par la crise.

Grand nom de l'automobile, **Honda** est aussi le plus grand constructeur mondial de motos.

Les Japonais comptent parmi les premiers créateurs de jeux vidéo avec **Sony** et **Nintendo**.

Les marques **Sony**, **Nikon**, **Olympus** et **Canon,** sont des leaders en photo et en vidéo.

Ce soir, c'est la fête !

31 décembre

Tout l'après-midi, maman a préparé les plats traditionnels pour le réveillon et les premiers repas de l'année afin de n'avoir rien à faire demain. Pendant ce temps, j'ai nettoyé ma chambre, Takao a fait du rangement et papa a disposé le *kagami-mochi**. Tout doit être impeccable pour accueillir l'année nouvelle.

À 22 h, papa a voulu mettre la télé pour regarder le grand show du nouvel an, mais maman a proposé une promenade nocturne au temple. Elle ne dit jamais rien de triste, mais je sens qu'elle aussi pense à notre prochain départ. À minuit, les cloches ont sonné les 108 coups traditionnels et je suis allée tirer un vœu. Je l'ouvrirai dans un moment, mais je n'ai plus peur des changements. J'ai bien compris que la vie est souvent pleine de surprises. Sur le chemin du retour, Takao m'a prise par l'épaule. Je crois que c'est la première fois depuis des mois qu'il me témoigne autant d'affection. J'ai senti quelques larmes me piquer les yeux mais je n'ai rien montré. C'est peut-être aussi ça être une femme japonaise.

Kagami-mochi : gâteau de pâte de riz surmonté d'une orange amère en offrande aux dieux pour le nouvel an.

Vivre au Japon aujourd'hui

Si l'histoire de Keiko a été inventée par l'auteur, son quartier, son école, sa famille s'inspirent de la réalité. Le journal de Keiko permet ainsi de découvrir un Japon plus intime, au plus près des familles et de la vie quotidienne.

La famille

Au Japon, la famille a un rôle central. Chacun y a sa place et sa fonction. Ainsi, les anciens sont à la fois respectés et écoutés par les plus jeunes. Il est même très fréquent que les Japonais âgés vivent avec leurs enfants. Néanmoins, en ville, l'exiguïté des logements ne permet pas toujours de les accueillir. Le père de famille reste celui qui se doit de faire vivre la cellule familiale. Si les femmes commencent peu à peu à s'émanciper, la plupart se sacrifient souvent pour tenir le foyer, au détriment de leurs études. Elles sont alors totalement maîtres à bord, gérant les dépenses, l'éducation des enfants.

Lors des foires et autres salons dédiés aux mangas, les jeunes adorent se travestir.

La pression scolaire

De la maternelle au lycée, plus que l'acquisition des connaissances, c'est l'assiduité au cours qui sanctionne le passage dans la classe supérieure. Chacun est responsable de ses études et, si les élèves ne travaillent pas assez, ils ne pourront jamais accéder au lycée et, surtout, à l'université, dont l'examen d'entrée obsède souvent les familles dès la maternelle. En dehors des trois ou quatre heures de sport prévues dans le planning des écoliers, les jeunes Japonais sont libres de suivre des séances de football, base-ball, basket ou des cours de théâtre, cuisine, couture, etc. Autant de nouvelles connaissances qui s'acquièrent au sein de l'établissement, en dehors des heures de cours.

Les écoles et collèges organisent d'immenses concours de calligraphie afin de stimuler les enfants et de repérer de futurs talents.

Un besoin d'évasion

Au Japon où l'uniforme est obligatoire dès le collège, les jeunes aiment changer de look et multiplier les apparences. Au détour des rues, on croise des jeunes filles en frous-frous, de jeunes garçons tout en noir maquillés comme des mannequins. Les plus originaux n'hésitent pas à exhiber talons vertigineux, visage blanchi ou au contraire peinturluré de marron.

La culture manga

Histoires en série, les mangas concernent autant les filles que les garçons, avec pour chaque tranche d'âge des héros que l'on suit en grandissant. Plus spécifiquement destinés aux garçons, les *shonen manga* mettent en scène des héros combattants, ou guerriers, des histoires d'amitié, des exploits sportifs. Les filles préféreront souvent les *shojo manga* qui regorgent d'amourettes tendres, même si certains récits sont parfois plus épicés. Les jeunes du monde entier ont adopté les mangas. La France arrive même en tête de file avec 20 millions de volumes vendus pour *Dragon Ball* ! Et chaque année, *Japan Expo*, la plus importante manifestation européenne sur la culture japonaise, rassemble à Paris près de 200 000 personnes.

Les robots japonais, très perfectionnés, ont des capacités de plus en plus proche des humains. Déjà, certains montent aux arbres, reproduisent des émotions, remplacent des hôtesses d'accueil ou transportent des malades.

L'auteur, Geneviève Clastres, travaille sur l'Asie depuis près de vingt ans et sur le Japon depuis cinq ans. Elle a notamment participé à la rédaction et l'édition de plusieurs guides dont le Guide Vert Japon. Elle pratique aussi un art martial japonais, le shintaido, depuis bientôt dix ans.

Remerciements :
L'auteur remercie Keiko Sato, pour ses conseils, ses idées, ses attentions. Philippe Clavière et Masami, pour leurs remarques pertinentes, Philippe P.C., pour sa documentation illimitée. L'éditeur remercie Arnaud Thong.

Crédits :
21 . *Vue du mont Fuji rouge*, lithographie d'Hokusai © The British Museum, Londres, Distr. RMN/The Trustess of the British Museum.
57 : La baie de Matshushima © Japan Stock Photography /Alamy/Photo12
60g : Salon du jouet, Tokyo, 2009 © Hitoshi Yamada/Gamma/Eyedea.
60d : Concours de calligraphie © Kurita Kaku/Gamma/Eyedea.
61 : Démonstration de robot Honda © Kurita Kaku/ Gamma/Eyedea.

JOURNAL D'UN ENFANT

Direction éditoriale
Thomas Dartige

Direction artistique
Élisabeth Cohat

Journal d'un enfant au Japon

Graphisme
Didier Gatepaille

Coordination iconographique
Isabelle de Latour

Édition
Jeanne Hély

Lecture-correction
Isabelle Haffen
Lorène Bucher

Photographies
Patrick Léger